Andreas Vierk
Taumellyrik

AF236863

Herstellung und Verlag: BoD-
Books on Demand, Norderstedt
ISBN: 978-3-7526-7426-2

FSC

www.fsc.org

MIX

Papier aus ver-
antwortungsvollen
Quellen
Paper from
responsible sources

FSC® C105338

Andreas Vierk

Taumellyrik

Mond spielt seine Mandoline,
füllt das Tal mit See.
Duft von Pflaume, Mandarine,
Taumel einer Honigbiene
tun den Sinnen weh,

weil es heute Abschied nimmt,
schnürt ja schon den Schuh.
Stern erstickt im Abendzimt.
Wenn der letzte Docht verglimmt,
wirft's mir Küsse zu.

Lyrik schmilzt dein Nachtgesicht
in die hellen Schleier
ihrer Quelle. Dein Gedicht
ist den Lippen Glanz und Licht,
Vogellaut der Leier.

In sich selber tief genug,
Blitz und steile Bahn,
fern von Hass und Selbstbetrug,
sieht in deinem Düsenflug
sie einen Goldfasan.

In den Versen taumeln trunken
Nachtigall und Klinge,
in der warmen Nacht versunken.
Lyrik will den Pinsel tunken
in die Wasserringe.

Lichter drehn in Wasserkreisen,
Flut ertrinkt in mir.
Schwingen muss ich von mir weisen.
Sinne gehn auf blaue Reisen,
ankern dennoch hier.

Tag erwacht am Honigpier
meiner Sonnenstirn.
Lungen atmen Sang von dir,
Alte Welt. In neuer Gier
will ich mich verirr'n!

Atem steigt in mein Gehirn:
Zwitschern wie von Meisen,
kobaltgraues Flügelschwirr'n,
Düfte, die sich selbst entwirr'n,
ihre Gärten preisen!

Leergefegte tiefe Bläue:
Stiller Ozean,
bliebe bei mir deine Treue,
Tag für Tag dein Rausch aufs Neue
auf der Nervenbahn!

Flammen auf den Fingernägeln
lassen mich erzittern,
wenn auf hellen Sonnensegeln,
gegen alle Kraft und Regeln,
Strahlen windverwittern.

Wie ein Mal auf einer Wange
bebt des Tages Mond.
Lichtes Opium wirkt lange.
Tanz an unsichtbarer Stange,
du, die in mir wohnt!

Heiße Kirschen, Haselnüsse
strömen durch das Sein,
Sommergluten, Lavaküsse,
Stunden wie Pistolenschüsse,
helle Daseinspein.

Drosseln blühn in Hosentaschen,
flügge hinzusterben.
Boote knospen bunt in Laschen.
Blaue Flaggen will ich haschen,
hier am Kai verderben.

Taumellyrik will ich schreiben,
mich in Schaum zersingen,
mich an späten Tagen reiben,
in der Seifenblase bleiben,
dann im Wind zerspringen.

Groß genug war dieses Leben,
vollerhand verschwendet.
Weit das Land und still die Reben.
Ferne will die Erde beben,
wenn der Sommer endet.

Lied soll nur aus Rhythmus sein:
Atemmelodie.
Gib nichts dazu, leg nichts hinein,
umspüle nur mit Schaum und Schein
ihr leises Nie für nie.

Daseinsschlaf und Apathie
kurz vor dem Erwachen,
die ich singend an mich zieh:
Magdala gebar Marie,
Tod und Vogellachen.

Lippen müssen mir entfachen,
Silben saug ich ein.
Strophen glühen Mund und Rachen,
Charon auf dem gelben Nachen,
Puls im wilden Wein.

Ein Vers muss eine Saite sein,
ein Hungervogellied.
Dein Kuss webt eine Welt hinein
aus Strahlenklang und Sinnenschein,
durch die dein Wesen zieht.

Die Strophe ist ein Gartenland,
das blüht von Metastasen,
ein Schierlingsbecher, bis zum Rand
voll Durst und Sehnsuchtswüstensand
und hellen Halbschlafphasen.

Die rhythmische Verworfenheit,
das goldne Menschheitslicht,
ein Puls, der schweigt und singt und
                              schreit,
ein Herz, das Eruptionen speit,
vollenden das Gedicht.

In jedem Wort wacht Poesie,
wenn auch noch knospengrün.
Und wenn ich mit den Pollen zieh –
gedrehter Hauch, Koketterie –
bring ich sie zum Erblühn.

Wenn Küsse im Gespinst verderben,
verzehren sie den Garten.
Die Farben werden Gifte erben,
die Taube wird vor Trauer sterben
und alle Vogelarten.

Ein Lyriker muss Gärtner sein
der wilden Sehnsuchtsbecher.
Er atmet ihnen Düfte ein,
wird *diesem* Spiegel, *jenem* Wein,
sich selber Wind und Fächer.

Bücher können Lampen sein
im Abenddunkelbraun,
gießen in den Vollmondschein
Flüstern und Choral hinein
und Bienenaugenschau'n.

Such meine Verse in der Stille.
(Ich weiß ja, wie man stirbt.)
Vom Brunnenrand schweigt eine Grille
und sieht durch meine Lesebrille,
wie das Licht verdirbt.

In meinem Garten pflück Reseden,
als Klang und Schlüsselbund,
im Vorhang grauer Spinnenfäden
aufzustoßen meine Läden,
zu öffnen meinen Mund.

Ich bin noch da, mich auszuwringen
auf den Treppenstiegen,
dann muss ich durch die Dinge dringen,
in sozialen Netzen singen,
auf der Fahrbahn liegen.

Sind's Engel, Irre oder Säufer,
die tausend Monde speien?
Sind's Eremiten, Straßenläufer,
sind's Döner- Hanf- und
                    Schnapsverkäufer,
die aus den Sphären schreien?

Der Trinker-Engel schreibt ein Buch
mit taumelnden Gedichten.
Das ist der Welt kein rotes Tuch,
treibt keinen Heiligen zum Fluch.
Die Ignoranz wird's richten.

Doch wenn das Artensterben zieht
in seine Welt hinein,
ist *er*'s, der in die Bläue flieht.
Und Ofterdingens Wanderlied
muss laut gesungen sein.

Bröckeln Mauern um das Zimmer,
reckt sich's in den Grund,
trinkt die Schlieren und den Glimmer:
Taucher wird's, im Gischt ein Schwimmer,
Durst und offner Mund.

Meine Lunge wird zum Rochen,
schlingt das Mittelmeer,
Marmorstaub, Orangenpochen,
Weisheit, heimlich zugesprochen,
als wenn's ein Becher wär.

Indien schimmert in den Seiten:
Tausend Wissensschätze
schmelzen Gold durch alle Zeiten.
Atemhauch muss überschreiten
alle Glaubenssätze.

Bücher gingen oft durchs Feuer,
brachten manchen um,
blieben vielen Herzen teuer,
sprengten meines Raums Gemäuer:
Evangelium!

Wahrhaftig bin ich nur im Lied,
im tiefsten Atemhauch,
der die Arterie durchzieht,
dass Welt und Kälte aus ihr flieht
und Todesschweigen auch.

Noch hält mein Arm die Mandoline
und spürt ihr leises Pochen.
Sonett, Quintette und Terzine,
süß wie der Saft der Apfelsine,
sind ihr im Puls zerbrochen.

O wie die Nacht Lemuren heckt
um Melodie und Kunst.
Ihr Wesen hat sie schlau versteckt,
die Meute hat schon Blut geleckt.
Ich höre wie sie grunzt.

Könnt ich noch einmal in den Tauen,
in Segeltuch und Ösen,
durch Regen und durch Morgengrauen
nach den Sireneninseln schauen,
im Lied mich aufzulösen.

Stille Zeit ist angebrochen,
Wasser, Windgesicht,
kaum ein Wort wird ausgesprochen,
Knospen, Boote, Wälder, Wochen
rinnen zum Gedicht.

Schatten dunkeln Gegenlicht.
Strophen sind und Hände.
Haut zerfällt dir Schicht um Schicht,
doch entblößt es dich noch nicht,
bringt es nicht ans Ende.

Durch die Regenwolkenwände
leuchten die Epochen.
Tage fließen zur Legende,
Stunden werden ferne Brände,
weiße Vogelknochen.

Stille Zeit und Seinsverzicht,
immerneue Wendung,
bis das letzte Ruder bricht,
Seil zerreißt am Bleigewicht.
Sog in Strahlenblendung…

In Fernhinblau bin ich gehüllt,
mein nackter Leib ist weiß.
Mit Weite ist er ausgefüllt,
die in Sommerfeuern brüllt,
von Krieg und Hunger heiß.

In Flammenrot bin ich gekleidet,
habe mich verraten.
Ein Löwe hat mich ausgeweidet,
der nun selber in mir leidet,
muss in den Hoden braten.

Mit fremder Haut ist überzogen
innerlicher Tod.
Ah! Wie hab ich mich belogen,
Hass wie Drogen eingesogen,
mich geschunden, rot.

Inneres ist nackt und offen,
Schwund in Humuserden.
Billig hab ich mich versoffen.
Alles Wünschen, alles Hoffen,
ist, ein Spatz zu werden.

Der Sperling will die Kücken nicht,
in meiner Schulter brüten,
drum will ich, dass sie mir zerbricht,
gewaschen wird im Tageslicht
und treibt Orangenblüten.

Der Sperling wohnt in meinem Haar,
ist durch die Stirn gestiegen.
Wo Hirn und Puls und Ader war,
wird alles gletscherwasserklar.
Dort will ich sterbend wiegen.

Weißer Sperling, blind und taub,
zwitschert instinktiv,
baut ein Nest im welken Laub
und erstickt im Straßenstaub,
nur weil Gott ihn rief.

Bald drücke ich die letzte Klinke
und lass mich selbst zurück.
Und wenn ich aus der Hütte hinke
und in die Alte Welt versinke,
bist du mein Taumelglück.

Noch nimmst du nicht die Alte Welt,
machst mich libellenleicht.
Es gibt so vieles, das mich hält
und in die süßen Düfte stellt,
und bleibt doch unerreicht.

Die letzte Klinke bist ja du.
Du bist mein reines Sein.
Du schließt nach mir die Türe zu.
Ich brauche keinen Wanderschuh.
Ich fließ in dich hinein.

Ich heiß dich Lethe, denn ich finde
in dir nur das Vergessen.
Wenn ich gewaltsam mich entwinde
aus Haut, Membran, Chitin und Rinde,
will mich das Ego fressen.

Du schriest nach Mutter wie ein Kind.
Ich konnte dich nicht fangen.
Es riss dich in den Götterwind,
wo Aprikosenblüten sind.
Man hat dich aufgehangen.

Dir fließen Sonnen aus den Venen,
und sie sind alle offen.
Ich sauf dich wie aus Wasserhähnen,
will mich in deine Liebe dehnen,
von deinem Blick getroffen.

Wir sind nicht klar, nicht wasserrein,
nicht still und keine Welle.
Wir können nicht vollkommen sein.
Wir schmelzen kein Gebirge ein
ins Flügeln der Libelle.

Was ist das Ego? Ein Geschwür.
Wer risse es uns aus
und gäb sich selbst als Brot dafür,
klaren Blick und offne Tür
in das Atem-Haus?

Wir könnten über Schatten springen,
selber Brückensteg,
uns zum Verzehr den Pflanzen bringen,
mit den Schwerverbrechern singen,
Liebesrhythmus, Weg.

Wir schmelzen in die eignen Schatten,
wir reißen in den Wellen,
wir treiben mit den Wasserratten,
um die Forellen zu begatten
und neu empor zu quellen.

Wir wollen binden, doch wir lösen,
wir wollen lidlos wachen,
um doch am Mittag einzudösen.
An unsren Flanken klingeln Ösen
von Charons grauem Nachen.

Du kannst uns schlafend überschreiten,
dann werden wir uns bäumen,
um unter dir schnell abzugleiten,
als würdest du auf Tümmlern reiten,
dich uns ins Dasein träumen…

Aus Milch erscheinst du in der Ferne,
von Loggien umsponnen.
Schon kühl im Bogen der Kaverne,
verglimmt und schimmelt die Laterne,
im Dämmerlicht zerronnen.

Du aber glühst in den Madonnen,
von Raffael gedacht,
blickst in den Morgentau, versonnen.
Kaum hast du an Substanz gewonnen,
kaum kindlich aufgelacht,

an fremden Pulsen dich entfacht,
schon willst du dich verlieren.
Du zitterst noch im Brunnenschacht,
aus Spiegellicht und Hauch gemacht,
zerschmilzt in Wolkenschlieren.

Nicht Knospen junger Aprikosen,
nicht Kuss- und Flussentspringen,
nicht die Essenzen dunkler Rosen,
nicht Traurigkeit der Herbstzeitlosen,
nichts gilt es zu besingen,

als dich in einer Wüstenei,
umhüllt von unsren Laken,
als wehtest du an uns vorbei,
als Kalb, als schriller Todesschrei,
schon zweigeteilt am Haken.

Die Kielspur schnitt den Ozean
in viele kleine Teile.
Am Hafen schlägt sich Kran mit Kran,
auf jeder Schulter kräht ein Hahn
und treibt uns nur zur Eile.

Im Elendscamp, im Drahtverhau,
glüht eine Handvoll Treue.
Sie reibt sich an der Feile rau,
kappt Wurzelwerk, löst Ankertau
und stößt uns in die Bläue.

Du konntest kaum mehr Worte hauchen
und stießest sie hervor.
Lass mich in blaue Strophen tauchen,
segelnd meine Sinne brauchen,
und öffne weit mein Ohr.

Im Rollstuhl brach die stille Hülle
um Sorgen, Bitterkeit.
Doch hinterlass mir eine Fülle,
damit ich mit den Brechern brülle,
wie weißer Hunger schreit.

Die letzten deiner Blicke gingen
auf Schotter, Mai und Regen.
Die gestern noch am Fenster hingen,
letztes Leben auszuwringen,
sind heute Reisesegen.

Von Sünde braun und vom Gebet
verklärt sind deine Hände.
In jeder ihrer Riefen steht
dein Leben in die Zeit gesät,
taumelnd vor dem Ende.

Du birgst in ihnen deine Not,
als wär sie deine Seele.
(Mal ist sie Flügel, ist sie Brot,
schmeckt manchmal bitter wie der Tod
in einer Vogelkehle.)

Hand für Zärtlichkeit, zum Segen,
Hand, die Blutgeld zahlte.
Falten willst du sie und legen
ineinander, sich entgegen,
wie sie Dürer malte.

Du unterschriebst mit Blut den Brief,
mit Schweiß und auch mit Eiter.
Die Muse, die dich zu uns rief,
mag blind sein, aber nicht naiv.
Sie zieht dich wieder weiter.

Wie Phaeton verlorst du dich
an furzende Karossen.
Du zerrst am Zügel, sicherlich.
Die Hure „Stadt" versäuft nur *sich*,
dem Blut und Schweiß entsprossen.

Ich aber suche einen Ort,
den Christa Wolf nicht fand.
Er blüht nicht nirgends, kaum im Wort.
Mich reißt es von den Straßen fort
in ein gehauchtes Land.

Du wirst mit Lilien gebrannt
in scharlachroten Lettern.
Verlierst du dich im Wüsten Land,
verfaulst und schrumpelst unerkannt
in kalten Hagelwettern?

Du hängst an Zyklen und Prognosen,
willst an den Schläuchen ziehen.
Am Fenster duftet es nach Rosen,
Versprechen neuer Rauschhypnosen,
und Fernseh-Utopien.

Die Früchte, die der Zorn entband
in jahrelangen Wehen,
das Postament, auf dem einst stand,
den die Geschichte neu erfand,
fast im Vorübergehen,

bist du, mit knöcherner Prothese
auf Fabelwesenjagd
mit Mietvertrag und Anamnese.
Im Kühlhaus wuchert die Askese:
So stirbst du ungefragt.

Des Kreises kalte Quadratur,
der Tod, hat kühle Finger.
In seinen Opfern tickt die Uhr.
Sie laufen auf der eignen Spur,
wie Hunde fast im Zwinger.

Wer ist es, der sich selbst verlor
an trockenem Orgasmus,
an Schüssel, Spülung, Wasserrohr?
Sie werfen ihn den Schweinen vor
in schweigendem Sarkasmus.

So schluchzt er, wie sich Regen wringt
aufs Land voll Groll und Asche.
Horch, wie es auf den Steinen klingt,
wenn ihm zuletzt der Schlüssel sinkt
aus seiner Kitteltasche.

Die Iris hinter dunklen Gläsern
sind nicht mehr blau und braun.
Sie sind verbrannt vom Augenlasern.
Hände welken zwischen Gräsern,
Müll am Bretterzaun.

Dein Körper stinkt nach Kot, Urin,
Verzweiflung, Hungersnot,
muss bitter in die Wurzeln ziehn,
taubblind aus dem Atem fliehn,
und krampft noch nach dem Tod.

Die Brille schmilzt wie heißer Teer,
als sei sie lichtversehrt.
Das Leben ist ein Strahlenmeer,
Orgasmenrausch und Wiederkehr,
und alles ist verklärt.

Beende deine Monologe
und mach dich sinnenleer…
Ist nicht das Dasein eine Droge,
ein Hai der Hunger in der Woge,
der Durst ein klares Meer?

Mal brennt dein Haar in weißem Licht,
mal explodiert dein Hirn,
mal scheint es dir, als wärst du nicht,
und Wellenschaum ist dein Gesicht
und Rausch und Flut die Stirn.

Wie nur der Tod ertrinken kann,
so zieht es dich zurück.
Wenn selbst dein Traum zu nichts zerrann,
ins Nirgendwo und Nirgendwann,
dann bist du Glück im Glück.

Weiße Glut im Atembecher.
Strahlen, wellenweit,
wehen aus zu Duft und Fächer.
Ferne zischen Gischt und Brecher
in Rhythmen Heiterkeit.

Lamm und Brot in heißem Wein
werden dargeboten.
Gaumen im Vormittagsschein
lassen kaum die Taube ein,
Pulse auszuloten.

Uns im Westen wird es schwer,
alles zu erfassen.
Wein ist Wein und Meer ist Meer.
Zahlen machen Herzen leer,
klingen in den Kassen.

Es gilt, so vieles zu vergeben:
die Schritte durch die Scholle,
die Schnitte durch das wahre Leben,
Unachtsamkeit, geheimes Beben,
Hand an der Wurzelknolle.

Die Seelen, die ein Blinder sieht,
sind Lungen, die dich tragen.
Das Fleisch, das in der Pfanne briet,
das ist dein eigner Suizid,
dein eigenes Verklagen.

Geh durch das Dasein und den Tod
wie über Messerklingen.
Der Flügel Hauchs ist dunkelrot,
der Flügel Staubs ist Atemnot,
doch gilt's, dich aufzuschwingen,

vertrauensvoll hinein zu springen
ins eigene Vermuten,
doch nicht ins eigene Vollbringen.
Du bist wie wir ein leises Singen,
ein Ineinanderfluten.

Der Tod, der unabwendliche,
kappt dir dein Wurzelsein,
nimmt alles Gegenständliche –
Ins Leben, ins Unendliche,
reicht er nicht hinein.

Doch musst du zwischen Formen
               wandern,
durch Pflanze, Mensch und Tier,
musst du dich selbst hindurch mäandern,
vielleicht als Lippe eines andern,
Vers auf dem Papier.

Vielleicht auf alternden Planeten
in einer jungen Zeit,
in Blüten, die vom Kirschbaum wehten,
libellenzartes Sterben säten
in die Verlorenheit. –

Das Rad der Reinkarnationen
ist nur ein Traum vom Sein,
ist eine Kette von Visionen.
Zergehn Materie, Protonen,
fließt du ins Urlicht ein.

Ich fließe in das Lindenblatt,
in Aderwerk und Saft,
das Raupe, Wurm und Milbe hat,
sterbensfertig, lebenssatt
und bald dahingerafft.

Doch seh ich tausend Buddhas tanzen,
und Chlorophyll und Viren
und auch die Füßchen grauer Wanzen,
die Rindenrippen, scharf wie Lanzen,
mit ihrem Licht verzieren.

Sie sind dem Auge unsichtbar,
durchdringen jedes Wesen.
Nur eine Seele nimmt es wahr:
wie hell sie sind, wie sonnenklar,
das kann sie in sich lesen.

Sie atmet Licht und Engel ein
und Lava aller Weiten.
Und alles muss sie selber sein,
schockiert vom überhellen Schein
aus allen Wesenheiten.

Sie ist nicht ich, ich bin dein Traum,
zerflossen in dein Glück.
Was ist die Seele: zarter Schaum,
will nicht in Welteins, Pore, Raum,
nicht in sich selbst zurück.

Ich will den Albatros nicht reiten:
Mein Durst wär nicht genug,
es sei denn Weiten tränken Weiten
und glitten in Vergessenheiten
vor seinem weißen Bug.

Vielleicht ein Hag von Luftgefieder,
leichter Wasserkreis.
Fragil sind deine hellen Glieder,
wortlos deine Liebeslieder,
apfelblütenweiß.

Schon weich ist deine Fieberstirn
und fließt in meine Wonne.
Gedanken wollen sich verirrn,
in Brand gesetzt ist mein Gehirn
wie eine Silbersonne.

Feuer war ich, konnte springen
brückengleich durch Träume,
konnte mit Sirenen singen,
Aussatz und Verwesung bringen
und den Blicken Schäume.

Will mich zu dir nieder beugen,
zeigen wie man stirbt,
will dir Gift und Gärten zeugen.
Du sollst meine Schatten säugen,
bis die Milch verdirbt.

Weiße Nacht, du liegst wie Rauch
auf meinen Augenlidern,
an meiner Zungenwurzel auch
mit deinem Gift und Gartenlauch.
Willst du mich zergliedern?

Die Zunge hab ich mir zerbissen,
zur Hälfte ausgespien.
Du, weiße Nacht bist voll von Wissen.
Die Lider welken auf dem Kissen:
Sie sind nur ausgeliehn.

Auf meine Augen legst du Küsse,
ich kann sie wieder schließen.
Ich bringe viele Opfergüsse
und eine Handvoll Paranüsse.
Will unter Träumen sprießen.

Geweihter Rauch floss über mich.
Ich fiel in etwas Fremdes,
bis ich am Fadenmond verblich,
der über meine Leiche schlich,
durchs Knopfloch meines Hemdes.

Ich wache aus den Träumen auf,
zieh mich aus ihrer Wunde.
Die Uhr grinst schief im Zeitenlauf,
und mein Gehirn im Ausverkauf
läuft eine Ehrenrunde.

Die U-Bahn schlupft ins Labyrinth.
Wir alle sind verschüttet,
weil unsre Masken Münder sind,
an Schneidezähnen friert der Wind.
Das Blut hat uns zerrüttet.

Das also wird aus Apfelsinen,
wenn man sie verschenkt:
Mitunter stirbt man in Maschinen,
grell beleuchtet in Vitrinen,
wird im Wind gehenkt,

oder man lernt sich selber kennen
als Torso eines Nichts,
als lahmster Gaul beim Pferderennen…
Alle Seelen werden brennen
im Auge *eines* Lichts.

Die Bücher brennen weiß wie Sonnen
und schwitzen Wirklichkeit.
Kaum haben sie zu sein begonnen,
sind sie zu Menschheitsblut zerronnen
in unsrer Sterbenszeit.

Gitarren werden Stachelrochen
und speien Gift und Noten.
Ihr Urteil haben sie gesprochen
und sich die Hälse abgebrochen,
wie wir und unsre Toten.

Die eine Hand führt Kriege und
die andre malt Madonnen.
Wir lachen mit zerbissnem Mund:
Soldatengrab, du kühler Grund,
der Kampf ist nun gewonnen.

Vor Wahrheit hilft uns das Verstecken
in unsrer Siegestrance,
vor Buntheit blut- und speichellecken.
Das ist der Grund für das Verrecken
von Kunst und Renaissance.

Der Tod hat einen kleinen Mund
mit nadelfeinen Zähnen,
färbt sich die Hand im Wintergrund
und hebt den Kelch in frohem Rund:
das Sektglas mit den Tränen.

Er rollt dich über seine Zunge,
schürzt prüfend seine Lippe.
Er küsst sich selbst in jede Lunge,
und wirft die Saat, mit großem Schwunge,
aus Atemnot und Grippe.

Ich aber trank aus seinem Glas
den Rest von deiner Glut.
Da packte mich das Übermaß
erstickter Süße, heißem Gas,
absurder Kuckucksbrut.

Der Kopf Medusas, abgeschnitten,
ist voller Sinnlichkeit.
Ihr scheint das Dasein ausgelitten,
Schlangenköpfe werden Quitten,
duften in die Zeit.

Und wer in Felsgewölben lag,
den Mund voll Kieselstein,
muss husten und besingt den Tag
im Flug, im Traum, im Taubenschlag,
darf Quell und Wasser sein.

Ich lieh mir ihre Lippen aus,
so voll und ohne Siegel,
dazu des Mörders Locken, kraus,
lief in den Duft der Zeit hinaus
und hob ihr Rock und Riegel,

denn Daseinshunger ist ihr Garten
von Kelchen voller Süße.
Ach, ließ sie mich nicht lange warten,
beschlich ihn sachte mit den zarten
Sohlen ihrer Füße.

Mein Daseinshunger: milder Gischt,
azurnes Wellenschäumen,
das unterm Sternenmeer erlischt,
von Tod und Tiefschlaf ausgewischt,
wie letztes Liebesbäumen.

Wie Wind sollst du darüber wehen,
an deinen Knöcheln Flügel,
sollst über seine Wasser gehen,
von den Laternen ungesehen,
bis an die Schattenhügel.

Mein Daseinshunger will dir singen
von ungestillter Trauer.
Er will in deine Adern dringen,
noch hinter deinen Lidern klingen
als sanfter Regenschauer.

Das Dasein wühlt als Weh und Woge,
als Hunger und Demenz,
als Summe aller Epiloge.
Ich liebe es wie eine Droge,
wie eine Abstinenz.

So habe ich auch *dich* geliebt
und musste um dich trauern.
Das Dasein hat uns ausgesiebt,
weil's grausam ist, und wenn es gibt,
dann singt's in Nervenschauern.

Wer bringt mich in die Psychiatrie,
löscht meinen Namen aus?
Mein Ego existierte nie,
und wenn ich aus den Adern flieh,
aus meinem Leib hinaus,

will ich, die Lungen voll Benzin,
damit ich wirklich werde,
aus *allen* Wirklichkeiten fliehn.
Das Dasein selbst ist Heroin,
und zieht uns auf die Erde.

Hunger ist wie Regenflut
in eisenbittrem Haar.
Lieder sind auf Lippenglut
dunkelrot vom Venenblut,
septemberspät im Jahr.

Hunger ist im Krankheitskeim,
Schrauben in den Schläfen.
Schlinge, süß vom Vogelleim.
Abschiedsstunde birgt den Reim
in altersbraunen Häfen.

Hunger hat sich eingeschworen,
lässt die Nerven zittern,
brütet Fieber in den Poren,
taumelt in sich selbst verloren,
lässt den Hauch verwittern.

Wob ich Lieder in die Trauer,
ozeanisch weit,
wusch sie schon der Regenschauer,
spülte in die Backsteinmauer
meine Lebenszeit.

Träumt ich an der stillen Lände
einen fernen Ort,
sonnenweiße, warme Strände,
weich wie deine schmalen Hände,
treibt's mich schaukelnd fort.

Ozean, füll unsre Lungen!
Wir ertrinken nicht.
Wecke die Erinnerungen:
Deinen Glanz auf unsren Zungen,
Hirn, gesprengt von Licht.

Ego, rülpse deine Stunden.
Bist aus Eierpampe.
Neonlicht zieht seine Runden,
leckt vergeblich deine Wunden
an der Laderampe.

Hunger löscht Erinnern aus,
Wut verbrennt die Liebe.
Spannt sich Haut ums Hurenhaus,
wird das Weh zur Kissenlaus,
dass es darin bliebe.

Kann denn ein Meer in uns ersaufen?
Erstickt's in unsren Lungen?
Muss sich's im Aderwerk verlaufen?
Kann man's an Sushi-Theken kaufen,
aus Leichen ausgewrungen?

Der Pottwal futtert gern Prothesen,
wenn sie aus Plastik sind.
An Ahab sind sie's nicht gewesen,
hab ich im „Moby Dick" gelesen.
Man kann aus Pottwal-Grind

kosmetische Produkte machen,
aus Menschenföten auch.
So kann von roten Lippen lachen,
Herzensgluten hell entfachen
der Tod aus deinem Bauch.

So kehren wir ins Meer zurück,
als führen wir gen Himmel.
Von dir ein Stück, von mir ein Stück,
in unsren Adern Neon-Glück:
ein Fadenwurm-Gewimmel.

Das Plastik kommt vom Erdöl her,
das Öl von Schlick und Schnecken.
Das Plastik schmeckt der Umwelt sehr,
da braucht sie keine Wesen mehr
und kann getrost verrecken.

Kalte Zeit ist angebrochen,
zieht durchs rohe Aas.
Der Befehl ist ausgesprochen,
Brücken werden abgebrochen,
Winter schläft im Gras.

Harte Winde hör ich klagen,
Wutgeheul der Tölen.
Soll mich weit mein Panzer tragen,
ist der Rost schnell abzuschlagen,
Ketten sind zu ölen.

Heiße Dämpfe müssen zischen,
Fett glänzt im Getriebe.
Buben trachten in den Büschen
sich die Hintern abzuwischen,
singen hell von Liebe.

Wo kein Richter, da kein Recht,
wo kein Wort, kein Denker.
Rückgrat ist aus Drahtgeflecht,
abgestorben das Gemächt,
heiser knurrt der Henker.

Sumpf und Erde sind verbrannt,
stumm die Reimeschreiber.
Wahrheit ward zu spät erkannt.
Hinter Front und Feindesland
klagen ihre Weiber.

Wer will, im Schlaf erschossen, sterben,
seine Frau im Arm?
Neunzig Jahre ohne Erben
sterben an den Jahreskerben,
kalten Schiss im Darm?

Schreie in den Folterkammern,
weinen in der Stille.
Schlüsselkind, hör auf zu Jammern.
Finken, tot an Wäscheklammern,
und ein letzter Wille.

Kaum geboren, abzukratzen,
in die Grube fallen.
Auf dem Friedhof jammern Katzen,
fast, als hör man Fiedeln kratzen,
einen Säufer lallen.

Hast du uns, mein Gott, verlassen?
Hingst doch selbst am Holz!
Wer will in der Hölle prassen,
seinen Nächsten herzlich hassen,
aufgebläht vor Stolz?

Massenmörder, Kinderschänder,
gibt es überall,
füllen Herzen, Tempel, Länder.
Unter Augen Trauerränder,
Lustgeschrei im Stall.

Wir küssten und verrieten uns,
an Spaten und an Schippen.
Es kommt der Mond im Jahr des Hunds
der Erde nah. Verstopften Munds,
vernäht er unsre Lippen.

Wir brachten unsre Litaneien,
wie wir sie immer sangen,
und haben uns in langen Reihen,
mit Abschiedstränen und mit Schreien,
selber aufgehangen.

Der Mond ist eine Lilie,
will in dem Knaben schwingen,
denn tot ist die Familie.
Den Mund voll Petersilie,
kann er nicht mehr singen.

Wir waren früher alle gleich,
vor abertausend Jahren:
die Leiber mager, steif und bleich.
Ein Kind schwamm still in jedem Teich,
mit Algen in den Haaren.

Wir ähnelten uns früher alle
in Gulag und KZ:
der Magen eine Hungerkralle,
Sehnsuchtswürgen, Rattenfalle,
Kreuz am Pritschenbrett.

Einmal wollt ich dich noch schauen,
saugen dein Arom.
Hilf ins kalte Morgengrauen
wieder hundert Leichen bauen,
dir als Liebesdom.

Mein Erinnern starb als Kind
vieler Fieberseuchen.
Die so klein gestorben sind,
liegen nackt im kalten Wind,
Kerzen auf den Bäuchen.

Ich danke dir, dass unsre Kleinen
stets glückselig sind.
Sie müssen nicht in Adern weinen,
atomarem Seinsverneinen,
nicht im Zyklonenwind.

Denn nie gezeugt und ungeboren
in Bienen und Lemuren,
und nie im Wurzelpuls verloren,
nicht seelenweh und leibvergoren
gefesselt an die Uhren,

wie müssen sie gesungen sein,
wenn ich dich in mir morde!
Sie blühen in das Nie hinein,
sie sind verklärt und wasserrein,
sind Ewigkeitsakkorde.

Dein Weltall sog ich gierig ein.
Seine Lichtspiralen
schmeckten herb wie wilder Wein,
mussten Rausch und Droge sein
in den Todesqualen.

Ich bin im Krankenhaus erwacht,
an den Händen Binden.
Schwestern haben fern gelacht,
Gong versank im Brunnenschacht,
sich ins Blut zu winden.

Sankt Valentin: das ist der Tag
für Spritzen und Tabletten,
denn gestern, als ich bei dir lag,
im kristallinen, stillen Hag,
wollt' uns die Nacht nicht retten,

in tiefe Leidenschaft zu stürzen:
Wir schmolzen ineinander.
Mag Valentin die Lippe schürzen –
wir liebten es, den Schnee zu würzen
mit Atemkoriander.

Ich weiß nicht, wo du heute liegst.
Ich hänge an Geräten.
Ob du zum Beteigeuze fliegst,
dich auf der samtnen Lethe wiegst –
du musst noch für mich beten!

So süß ist deine Neigung mir
wie die Honigwabe!
Meine Adern schenk ich dir,
deinen Knöchelchen zur Zier:
Eine Morgengabe.

Ich schenk dir meine Innereien
zum Gürtel und zur Kette.
Hab keine Angst! Du musst nicht schreien!
Musst Kuss und Kirsche mir verzeihen,
den Blues, die Klarinette.

Ich kleide mich in Menschenhaut
und bin im Innern Wind,
der weiß durch meine Augen schaut,
und der in deinen Händen taut,
die warm wie Sommer sind.

Ich habe Mandolinensaiten
mir um die Stirn gelegt.
Ich möchte auf der Störchin reiten,
jonglieren mit den Wirklichkeiten,
bis sich ihr Puls erregt.

Ich trage eine Silberbinde,
die meinen Blick verhüllt,
bis dass ich unter ihr erblinde,
damit ich einen Morgen finde,
der meine Venen füllt.

Gelang ich je an einen Hafen,
der wie ein Mädchen lacht?
Wo sich zuvor die Gischten trafen,
wollt ich in Äpfeln mit ihr schlafen,
bis hell der Tag erwacht.

Ich rede nicht mit meinem Mund,
doch mit dem Geigenbogen.
Ich töne in den kühlen Grund,
wie die Geliebte, rauschhaft, wund.
Ihr Leib ist wehes Wogen,

ihr Herz girrt blau ins weite Land,
gleich einer Ringeltaube.
Sie brandet in den Ufersand,
wo ich ihr nackt am Schattenrand
ihre Unschuld raube.

Sie flieht, wie eine Nachtigall
mit drei zerrissnen Saiten,
und trägt mich fort auf ihrem Schall,
bis ich aus ihrer Stimme fall
in die Ewigkeiten.

Bin voller Löcher, großen, wunden,
gefüllt von Hungerglück.
Ich will dich wie die Welt umrunden.
Die Hände ausgestreckt, gebunden:
so führst du mich zurück.

Der grobe Sack der Haut – zerrissen,
das Meer in allen Poren.
Vor Durst und Sehnsucht und Vermissen,
hab ich die Hosen vollgeschissen
und Licht dröhnt in den Ohren.

Mir wachsen in den Flanken Schwingen
und brennen in den Stricken.
Wer kann durch Angst und Wehsal
                              dringen,
sterbend wie die Drossel singen,
weiß durchs Dunkel blicken?

Mein Lebenshunger ist ein Stier,
trägt Schwingen an den Seiten
aus Flammen unstillbarer Gier.
Corrida heißt das Meer in mir
voll Ausweglosigkeiten.

Ein braunes Mädchen auf dem Grat,
schwamm ich nach Griechenland,
zog ihren Pflug durch Saat und Mahd
und sprang für sie durchs Feuerrad,
von Atemgift verbrannt.

Am Plastik würgt das Mittelmeer,
im Blau ertrank ein Kind.
Es ritt auf meinem Rücken her
und träumte nur von Wiederkehr
heim in mein Labyrinth.

Wär nicht der wilde Durst, nicht Gier,
nicht Rausch, nicht Selbstverzehr,
Arena, Matador und Stier –
kein Sedativum hielt mich hier
und keine Wiederkehr.

Du wurzelst hier. Ich darf nur winken
und will doch bei dir liegen,
in deinem Pulsen zu versinken.
Mein Leib besteht aus hundert Finken,
doch weigert sich, zu fliegen.

Wer hält uns fest im Labyrinth,
verkauft uns bunte Brillen,
die nur für weiße Augen sind?,
verspricht uns Scharfblick, macht uns blind
und nimmt uns unsren Willen?

Wer, hinter uns in unsren Spuren,
hat uns je betrogen
mit seinen teuren Armbanduhren,
Gayboys, Amok, Straßenhuren
und den weißen Drogen?

Wer bietet uns Verzweiflung an
als Ausweg aus der Not?
Er, dem man nicht vertrauen kann,
verspricht uns sicher irgendwann
einen milden Tod

und Tausend im Erlebensfall,
das Fahrrad eingeschlossen,
Glasbruch, Licht, Pistolenknall,
Ellenbogen, Überschall
und Parteigenossen.

Sie haben uns zu dem gemacht,
was längst in ihnen zuckte:
mal Psychogramm im Kellerschacht,
mal Abfall einer Wirtschaftsmacht,
und Ausverkaufsprodukte.

Wir gehen nirgendwo mehr hin,
und wer will mit uns wandern?
Der Mensch verlor den Lebenssinn
in seinem Streben nach Gewinn,
besonders den von andern.

Die Zeit lief ab, blieb einfach stehen,
so wie auch wir hier bleiben.
Wir wollen nicht in Kreisen gehen,
nicht mehr auf Armbanduhren sehen,
uns nicht an Zeigern reiben.

Wir wollen nicht mehr, was wir wollen.
Wir werden nichts vererben.
Wir säen nichts mehr in die Schollen
und schöpfen nicht mehr aus dem Vollen.
Komm mit und hilf uns sterben!

Schau nicht zurück. Wir müssen wanken
und unsre Stirnen hissen.
Heut muss ich an der Wehsal kranken.
Die Zeit besteht aus morschen Planken,
betrunkenem Vermissen.

Das Blau erinnert sich nicht mehr
der streifigen Kondens.
Die Zeit kennt keine Wiederkehr.
Von ferne kommt Gewitter her,
erwürgt den frühen Lenz

mit Kähnen in den Doldenwolken,
Wind im blauen Rachen.
Quellen wurden leergemolken.
Sonnenring in flachen Kolken:
roter Feuerdrachen.

Seh die Mühlen beim marschieren
durch das Hügelland,
um im Dunkel zu verlieren
die Kontur in braunen Schlieren
vor dem Sternenband.

In die Schritte sickert Schlaf,
Milch glänzt in den Händen,
wo sie Nacht und Eisen traf.
Rund und grau: ein Kenotaph,
wo die Wege enden.

Das Korn ist in sich selbst versunken,
in seine tiefste Tiefe.
Es hat vom eignen Meer getrunken,
von seiner Weite in den Funken,
als wenn es in sich schliefe.

Er ist noch nicht empor getaucht,
der Ozean, ans Licht.
Der Wind hat ihn nicht angefaucht,
die Welt sein Blau noch nicht verbraucht,
die Erde trank ihn nicht.

Sein Kern ist noch nicht aufgebrochen,
nicht in die Welt geflossen.
Doch hat das Licht sein Wort gesprochen,
das Dunkel seinen Duft gerochen,
der Schlüssel aufgeschlossen,

so fällt er in die grünen Schatten,
in Regenwurm und Trüffeln.
Gleich wollen ihn mit Licht begatten
Nebelwind und Wasserratten,
die schon nach ihm schnüffeln.

Vielleicht wird er als Krokus leben,
vielleicht als Menschenkind.
Sein Hunger wird nach Hunger streben,
die Nacht nach ihm in Lust erbeben,
und in ihm schwingt der Wind.

Seh dich Schlüsselblumen röten,
seh dein leises Lachen.
Tote Kinder hör ich flöten:
Licht gehört den zarten Föten,
die den Puls bewachen.

Sterben müssen, selber fressen,
Blut im Wasserkrug,
Zeit von Tod zu Tod durchmessen –
Küsse blühn in Brunnenkressen,
wir im Taumelflug.

Seh uns leuchten, seh uns schweben
mit den Kolibris.
Leicht lässt du dich von uns heben.
Alle Wesen tragen Leben,
in das Paradies,

Nichts geht vom Staub des Alls verloren,
auch nicht das Reh im Sprung,
Moment und Brücke, traumvergoren:
So streich ich über deine Poren,
als wär's Erinnerung

und nicht schon jetzt, noch kaum
                    geworden
an Lid und Schwung der Brauen.
Wie viel an zeugen, hoffen, morden,
an knospen, bluten, überborden,
nur, um am Kuss zu tauen?

Ein blauer Pfau ist diese Welt,
zerpickt die frommen Herzen.
Und alles, was die Seelen hält,
dass keine in den Abgrund fällt,
das ist dein Arm mit Kerzen.

Und draußen, wo der Tag verglimmt,
durch Slums und Hunger fegt,
durchschwimmt ein Stern den Abendzimt.
Der Sänger, der die Laute stimmt,
hat alles abgelegt.

Tiefschwarze Hirne blühn im Grund.
Und meine Sehnsucht, blond…
Sie macht mir deine Worte kund,
ist in der Nacht dein goldner Mund,
der mir den Puls durchsonnt.

Und mittendrin ein kleines Kind
bietet mir Spiegelscherben
und hat die Hände voller Wind.
In seinen Haaren nistet Grind.
Es wird in uns sterben.

Sein Pfauenschrei zerreißt den Garten
mit seinem grellen Licht,
schlägt ins Bewusstsein seine Scharten,
entflammt die Autobahnabfahrten,
durch die der Morgen bricht.

Dann sind die Straßenbahnen voll,
kein Abstand bannt die Leute.
Das Dur des Tags verhöhnt das Moll,
die Zahl regiert nach Zeit und Zoll
und peitscht mich hoch ins Heute,

zieht mich hinauf in die Vokale,
in deine Küsse, Farben,
in deine Kains- und Muttermale.
Zerbreche meine Kapselschale
in deinen Feuergarben.

Ein Stoffverband, als wäre wund
dein unteres Gesicht,
verhüllt die Nase und den Mund,
verschweigt mir deiner Tiefe Grund
und deines Atems Licht.

Ich ahne deine Lippen bluten
und darf verwundet sein,
mir mein Verbluten zuzumuten.
Willst du mit meinem Atem fluten?
Ich lasse dich hinein!

Wir atmen Schnee, verströmen Licht
in Gift- und Auspuffgasen.
Wir platzen sterbend dicht an dicht.
Wir weinen, doch es gibt uns nicht:
Wir sind ins Nichts geblasen.

Ich strudle durch die tiefe Nacht.
Sie ist aus Gift geboren.
Aus unsichtbaren Schnäbeln lacht
mir ihre gelbe Drogenmacht
und bleibt in mir vergoren.

Das Leben selbst in Tod und Gold
glimmt in der Dunkelheit,
wie's über Hand und Zunge rollt,
wenn ferne ein Gewitter grollt
in die Verlorenheit.

Es ist im Samt ein stilles Gleiten.
So bin ich gern allein.
Ich trage um die Schultern Weiten
und in den Poren Wesenheiten
aus reinstem Licht und Sein.

So will ich meinen Leib verlieren
um meinen wahren Kern:
mich in die Buddhaschaft mutieren,
lautlos zur Seele implodieren,
zum Sein als Dunkelstern.

Reiß mir die Maske vom Gesicht
zugleich mit meinem Mund.
Dann sprudeln Sonne und Gedicht,
wie Silber aus der Quelle bricht,
aus Wasserhahn und Spund.

Wo sind die Zunge und die Lippen,
um Worte zu beschränken?
Nimm diesen Korb mit meinen Rippen,
um allen Staub ins Nichts zu schippen
und die Spreu zu schwenken.

Nimm meine Haut zum Weizentragen,
mein Becken für den Regen
und auch als Gong, auf ihm zu schlagen,
um Vibration und Ton zu wagen,
allem Sein zum Segen.

Schneid mir das Ego von der Seele,
dann kann sie wieder singen
und mit gelöster Sperlingskehle,
trunken wie die Ukulele,
durch die Sphären dringen.

Wir müssen alle Masken tragen.
Die Zunge ist ein Sünder:
Sie zwingt uns, immer Nein zu sagen.
Das Schweigen will das Wort verklagen.
Wir singen ohne Münder.

Nichts sonst vermag hindurch zu dringen,
als Lippen im Verwesen:
Sie wollen mit den Worten ringen,
noch einmal ohne Zunge singen,
doch niemand kann sie lesen,

nur Liebe kennt dein Wort im Traum,
dein Spiegelbild im Becher.
Ich werde blind und seh dich kaum.
Du schimmerst im Laternenbaum,
wehst über Ziegeldächer.

Gib mir die Hand, wir gehn ein Stück,
bis wir uns trennen müssen.
Du schenkst mir einen Rest vom Glück.
Ich beuge deinen Kopf zurück,
um deinen Hals zu küssen.

So fülle meinen Mund mit Schnee
und brenne meine Lippen.
Wenn ich durch deine Küsse geh,
tut mir die Zungenwurzel weh
und will ins Schweigen kippen.

Frühling öffnet manches Ohr,
Staub verschließt es wieder.
Trägt die Drossel Strophen vor,
die sie auf den Weg verlor,
bittern alle Lieder.

Du spülst meine Sinne rein:
Muschel, Hauch, Pupille.
Trauben müssen Küsse sein,
Taumel im Kornellenschein,
Nachtgeschrei der Grille.

Wenn du Hauch und Rhythmus kennst,
verharrt der Tod im Sprunge.
Du Drossel, die im Dunkel glänzt:
Das All ist nicht so unbegrenzt,
wie deine kleine Zunge!

Du hüpfst mit mir von Tod zu Tod
auf Gischten, selbstverloren.
Wie uns die Irrsinnsnacht bedroht!
Sie blutet zäh und siegelrot
in unsre Fieberporen.

Du duftest schwer nach Sandelholz
und glänzt wie Palisander,
machst deinen Schatten auf dich stolz,
der pulsend, pochend zu dir schmolz.
Ihr dreht euch ineinander.

Und so verlier ich dich an ihn
und strauchle in die Flieder.
Muss über Messergrate ziehn
und in die Mandolinen fliehn,
in meine Wehmutslieder.

Und gehst du unter in der Menge,
leuchtet doch dein Haar.
Ich verlier dich im Gedränge,
selber in der Würge-Enge
einer Sphingenschar.

Unsre Schläfen, wasserklar,
müssen untersinken.
Blättertreiben, spät im Jahr –
Weißt du noch, wie's früher war?
Auf den Schultern Finken,

Wellen unter Neumondzinken,
hellere Gesänge.
Ineinander nur ertrinken,
rauschen, glimmen, blaues Winken,
Gong und ferne Klänge.

Auf meinen Schlüsselbeinen keimte
noch gestern deine Hand.
Wie sich der Wind dem Atem reimte
und regensacht die Lider leimte
auf das besäte Land!

Nacht lag in uns, maulbeerfarben,
tief im Glück versunken.
Blutorangenengel starben
unter frühen Strahlengarben
ferner Feuerfunken.

Lied zerriss in Violinen,
musste fern verzittern.
Dunkel lachten die Lupinen.
In den wehenden Gardinen
wollten Sterne bittern.

Wie wir uns im Rausch liebkosten,
Brand im Weltgefieder!
Wie die Ozeane tosten
und auf deinen Lidern glosten:
Morgenwolkenflieder!

Ich streichle deinen Arm im Traum,
und doch bist du real.
Da sträubt sich leicht dein heller Flaum
im Schweiß, nein, Wasserlinsenschaum,
um ein Muttermal.

Wird deine weiche Haut sich röten,
wie eine Feder Lichts?
Der Hunger wird im Schilfrohr flöten.
Warum uns nicht einander töten,
verzaubern in ein Nichts?

Streich sachte über meine Saiten,
als würde deine Hand
wie eine Blüte drübergleiten,
schweigend zu den dunklen Zeiten
im versunknen Land.

Küss Noten von leprösen Augen.
Neumond schenkt dir Licht.
Von meinen Lippen sollst du saugen
Gärten, Gifte, Lieder, Laugen.
Warum singst du nicht?

Musik tönt blau und splitternackt
in virtuosen Händen.
Umfange mich im Liebesakt!
Ich schlag dazu den Trommeltakt
in unsrer beider Lenden.

Dein Blütenstand ist wie das Land
und wie ein Zungenkuss.
Das Reh schmilzt unter deiner Hand
und rinnt wie Honig in den Sand,
weil es ihn nähren muss.

Der Judasbaum muss sich dir neigen,
solange, bis er spricht.
Da fühlst du Blutfontänen steigen.
Du bist dir nicht mehr selber eigen.
Dein Atem strahlt von Licht.

Dein Herzschlag lässt den Raum erbeben.
Im Honig deiner Poren
ertrinke ich wie in ein Leben:
An einen Rhythmus hingegeben,
im Zungenkuss verloren.

Wir rasen durch das Splitterlicht
wie gegen eine Mauer.
Du träumst ja! Warum singst du nicht,
wenn um uns jeder Himmel bricht
in unsre Nervenschauer?

Ich ströme tief in dich hinein,
lass meine Sinne los.
Erst bist du Droge, Schwindel, Pein,
dann schmilzt Bewusstheit, Leib und Sein
in deinen süßen Schoß.

Ich möchte mich vertausendfachen
auf deiner braunen Haut,
in deinen Poren zu erwachen,
in ihren Flammen aufzulachen,
wenn uns die Nacht betaut.

In Samt hat sie uns eingehüllt,
wir sind an ihr entzündet.
Sie hat uns dunkel ausgefüllt.
Ihr Tiger springt, ihr Löwe brüllt,
ihr Schweigen paukt und kündet.

Durch unsre beiden Leiber rauschen
die goldenen Minuten.
Unmöglich, ihnen nachzulauschen,
wenn wir das Bewusstsein tauschen
und ineinanderfluten.

Die Nacht flieht feig aus unsren Lenden
vor'm Duft nach Koriander.
Die Zeit läuft ab, will alles enden,
uns von einander abzuwenden.
Wir fallen auseinander.

Erwacht war ich in deinem Schoß
und hörte Wurzeln beten:
Die Erde ist ein grobes Floß,
bind es von Zeit und Ego los
in deinem Strom, dem steten.

Du träumst uns ja, geliebter Wind
und Macht der großen Helle.
Und wir, die Regenwasser sind,
obschon in Blatt und Rispe blind,
erschauern in der Welle.

Als das Gebet erloschen war,
verblutet in der Krume,
erhoben wir uns wasserklar,
und Erde fiel aus deinem Haar
und eine Wiesenblume.

Ich kleide dich in Milch und Wind,
im Weinberg, in den Trauben,
durchfenstert wie die Kirchen sind.
Auf jedem Hügel sitzt ein Kind,
gurrt zärtlich mit den Tauben.

Berauschen sich die Taufkapellen
an deinen runden Hüften?
Der Wind in apfelgrünen Wellen,
er will aus deinen Flanken quellen.
Und wir zergehn in Düften.

Der Mühlbach strömt in hellen Flammen.
Komm, lass uns schwimmen gehen!
Wir fließen Leib an Leib zusammen,
weil wir aus gleichem Rhythmus stammen,
uns in den Strudeln drehen.

Du keimst als ein Orangenlicht
auf meinen wunden Nerven,
durchdringst die Häute Schicht um Schicht,
wie Weizen aus Nirvana bricht,
sich selbst ins Sein zu werfen.

Und auf die Flügel der Libellen
küsst du die Farbenprismen,
als sprängen sie aus trägen Wellen
am Mühlrad von den Bachforellen
und Mikroorganismen.

Wer bin ich, dass du mit mir tauchst,
du Schleier an den Brücken,
dass du in meinem Atem hauchst,
in mir verzischst und wolkig rauchst,
uns beide zu beglücken?

Deine Sonne lass mich trinken!
Lösch mich in ihr aus.
Gleich will ich in dir versinken.
Stirn zischt auf in weißen Finken,
taucht zu dir hinaus.

Schenk mir deine Eruptionen,
schneide mich vom Seil,
lass mich sterben, lass mich wohnen
in den Bogenlichtkoronen,
feuersäulensteil.

Ich will nur dir Gedichte singen
in dein Haar von Heu,
dir in Leib und Seele dringen,
mich in deine Adern wringen,
immer wieder neu.

Wie sich junge Äffchen drängen,
wollen wir uns wiegen,
wenn wir am Klavierdraht hängen,
und sich unsre Beine längen,
unsre Rücken biegen.

Träumst du noch den Hochzeitstraum?
Braut und Bräutigam –
wie wir taumelten im Raum,
voller Heu dein Kleidersaum,
bis man uns holen kam!

Sind alle, die da mit uns bang
an einer Mauer ranken,
ein Leben, eine Liebe lang
für Kugel und Gitarrenstrang,
nur um ins Nichts zu wanken?

Ach, ich wollte dich doch küssen,
lyrisch, zärtlich, bitter,
denn du wirst mir bluten müssen,
wie ich dir. Zersiebt von Schüssen,
tanzen wir am Gitter.

Wir beben wie ein Regenboot
in Rhythmus und Verderben.
Iss meine Wangen auf. Wie Brot!
Wie glühen deine Brüste rot!
Lass mich an ihnen sterben.

Mein Ozean, ich bin wie du
nur Puls und Ukulele,
nur Kuss in Kuss. Ich stürz dir zu,
ertrink in dir und finde Ruh':
ein Licht und *eine* Seele.

Wir müssen blau in blau zergehn,
verschwinden in der Farbe,
an einer Sonnenmauer stehn,
dem Tod in den Gewehrlauf sehn,
in seine Feuergarbe…

Der Druck wird uns zerplatzen lassen,
wenn sie uns erschießen.
Doch wer kann unsre Tiefe fassen,
wenn Daseinsstufen, Lichtterrassen
ineinanderfließen?

Das Licht, das in der Liebe strahlt,
macht alles Dunkle rein,
weil es sein helles Wasser malt
und Klarheit mit sich selbst bezahlt,
Gestorbenes mit Sein.

In jedem Blut pulsiert das Licht,
in jedem Licht die Liebe,
in jeder Liebe Selbstverzicht,
sonst wär es reine Liebe nicht,
die nicht beständig bliebe.

So bebt die Lichtflut in uns allen,
in jedem Tier und Blatt.
Du hörst sie in die Tiefe hallen,
durch alle Wesenheiten fallen,
weil sie Liebe hat.

Sie sitzt mit dir am Brunnenrand,
am Quell der Ewigkeit.
Sie haucht in deine hohle Hand.
Sie hat die Arme voller Sand,
und in ihr brennt die Zeit.

Sie sitzt allein in einem Saal.
Wann trittst du in sie ein?
In ihren Schultern hämmert Stahl,
und vor ihr steht das Abendmahl
mit Brot und Salz und Wein.

Sie sitzt in deinem finstren Haus,
will selber nicht mehr leben.
Im Mund löscht eine Kerze aus.
Du rufst sie: Komm ins Licht hinaus!
Sie sieht dich draußen schweben.

Sie will nur in sich selbst ertrinken,
die Liebe, und wird wahr.
Die Nacht wird um sie her versinken.
Noch leuchten Türen, Fensterklinken
in ein Vogeljahr.

Die Liebe ist im Flug erwacht
aus ihrem Nimmermeer.
Hat wie der Albatros gelacht,
hat in das Licht ihr Licht entfacht,
selber sonnenleer.

Von Strahlen will sie übergehn,
die älter sind als sie.
Sie will an allen Türen stehn,
in alle Küsse Atem wehn.
Aus Magdala Marie.

Und sie ist Seele, Ehefrau,
und bebt von unsrem Lied,
läuft barfuß durch den Morgentau.
Sie leuchtet in uns königsblau,
wenn Not die Netze zieht.

Um ihren Hals ein Band aus Wind,
so ist sie schwer zu haschen.
Von jedem trägt sie Kind um Kind,
und ihre Lichtgeburten sind
wie Fische in den Laschen;

wirft meine Haut als Netz hinaus,
den weiten Raum zu fangen.
All meine Nerven spannen aus,
gedreht zur Straffheit eines Taus
an weißen Segelwangen;

wirft meine Haut in lichte Füllen,
entzündet ihre Poren,
jedwede Nacktheit zu enthüllen.
Im Abendrot der Amaryllen
geh ich mir selbst verloren;

wirft meine Haut auf andere Haut
in rhythmischem Erwachen.
Ich träume sie schaumübertaut.
Wenn über uns der Flügel blaut,
hör ich die Möwe lachen;

spannt meine Netzhaut an die Rah,
so wie beim Segelhissen!
Und nahen wir uns Afrika,
dann bin ich Trommel und Kora,
Musik und Schau und Wissen.

Du Meer von fließenden Canzonen,
du heller Horizont!
In deinen Strahlen will ich wohnen,
in den unendlichen Äonen,
selbst sonnenlavablond.

Selbst Säume Lichts und Küstenstrände
bedeuten Sturz aus dir,
bedeuten Dunst und Wolkenwände.
Der Riffhai wünscht sich meine Hände,
der Gecko Puls von mir.

Ich bin so still und tief wie du!
Ich muss in dich zurück,
dass ich in deinem Lächeln ruh,
dass ich dir ewig schmelze zu
und sterbe in dein Glück.

Ich lass mich durch die Räume gleiten.
Der Anker ist gelichtet.
Mein Atem gongt mit den Gezeiten,
treibt wie die Möwe in die Weiten
und hat auf sich verzichtet.

Das Auge ist nach außen blind
und blickt auch nicht nach innen.
Doch wo die Schatten heller sind,
die Blüten süß, die Winde lind,
erwacht's mit andren Sinnen.

Erst sieht es jede Außenhaut,
wie Licht auf Wasserflächen,
doch wenn es in die Tiefen schaut,
wo jedes Dasein strahlt und blaut,
will es in Liebe brechen.

Abermilliarden Sonnen rauschen
durch Poren, Federn, Dolden,
wie Meere sich in Stürmen bauschen.
Erkennst du, wie sich Seelen tauschen
und alles übergolden?

Mein Blick zerreißt die Wirklichkeiten.
Die tiefe Iris sichtet
sich rauschhaft in die Wesenheiten.
Die Flüge weißen Stirn und Seiten.
Sonnen aufgerichtet,

will ich auf den Wellen reiten,
wie Gischt auf Gischt geschichtet,
übern Horizont mich breiten,
in den Lungen Ewigkeiten
aufgelöst, vernichtet.

Du löst dich auf in einem Meer,
das in dir selber gleißt
als Opfertod und Wiederkehr.
Du bist das Wellen-Hin-und-Her,
das alles mit sich reißt.

Du bist der Sturm, konvex, konkav,
der Fischerkahn, zerbrechlich,
der Mann darin, in tiefem Schlaf,
den ich im Traum vom Dasein traf,
ein Fieber, krank und schwächlich.

Du wirfst mich aus und ziehst mich ein
mit Seim und Fischgekrösen:
Ein Zugnetz voll von deinem Schein.
Mein Atem soll geatmet sein,
mich in dir aufzulösen.

Jeder von uns, wirklich jeder
aß ein Stück von dir.
Du schmecktest nach gegerbtem Leder,
Salz und Fisch und Sperlingsfeder,
Arbeit, Not. – Und wir,

oh, wir wollten dich nur halten,
uns zum Daseinsgrund.
Furcht will unsre Pulse spalten!
Hilf uns, deine Hände falten,
du, so schmal und wund.

Alle bohrten ihre Nägel
tief in deine Haut.
Morgen setzen wir die Segel.
Wir sind Flut, du unser Pegel –
du, der in uns blaut.

Nie nimmst du deine raue Hand
aus meinem Teig und Brot.
Berühren schmeckt nach Uferstrand.
Du ziehst mich in ein helles Land,
an einem Fischerboot.

Da hinten wacht der weiße Schaum,
wo Silberreiher stehen.
Die Fischbrut klebt am Lidersaum.
Im grellen Licht von Rausch und Raum
kann ich dich winken sehen.

Dein Ozean ist unsichtbar,
verweigert sich der Farbe.
Er bietet sich uns allen dar,
er legt sich, wie es immer war,
in Wunde und auf Narbe.

Er blüht in unsren braunen Händen,
mischt sich in uns zum Tod,
zerteilt und mehrt sich in den Lenden,
gewinnt in Ader-Innenwänden
die erste Farbe: Rot.

Fließt er als Hauch in eine Seele,
wird er zu reinem Licht,
dass er sich so dem Sein vermähle.
Scheint er nur Atem in der Kehle,
verlässt er sie doch nicht.

Atem ist wie Sonnenglut,
Tiefe und Ozon,
Flut, in der der Rhythmus ruht,
Flug der Möwe, Venenblut,
Ewigkeitsäon.

Wie lautlos brandeten wir ein
in Gottes große Welle:
Zwei Becher Bluts, ein Becher Wein.
Schon träufelte den Schierling ein
der Schrei der Morgenhelle.

Aus der Sonne trägt die Taube
Hauch und weiße Briefe.
In die Lungen wächst die Traube.
Mit den Netzen sinkt der Glaube
in die Atemtiefe.

Fischgesang dehnt sich ins Blau,
gießt sich in die Sinne.
Nussbraun, wie das Haar der Frau,
spannt der Wind das Segeltau,
drückt die Ruderpinne.

Amethysten sinkt die Nacht,
wenn der Anker fällt.
Schwere der Planetenmacht
hat die Bö ins Haar gebracht,
löscht die Außenwelt.

Im Funken Zeit gelang es mir:
Ich schmolz in dich hinein.
Im Wogenrausch versanken wir,
und in der Wirklichkeit von dir
zerging mein Traum vom Sein.